ORAISON FUNEBRE

DE TRES-HAUT, TRES-PUISSANT,

ET TRES-EXCELLENT PRINCE

LOUIS XIV.

ROY DE FRANCE

ET DE NAVARRE.

Prononcée à Paris dans l'Eglise de Nôtre-Dame, en presence de Monseigneur le Duc d'Orleans Regent du Royaume, de Monseigneur le Duc de Bourbon, & de Monseigneur le Comte de Charolois, le 28. Novembre 1715.

Par Messire JACQUES MABOUL, Evêque d'Alet.

A PARIS,

Chez FRANÇOIS FOURNIER, ruë saint Jacques.

M. DCC. XV.

ORAISON FUNEBRE

DE TRES-HAUT, TRES-PUISSANT,
ET TRES-EXCELLENT PRINCE,

LOUIS XIV.
ROY DE FRANCE
ET DE NAVARRE.

In fine hominis denudatio operum illius.

La mort de l'homme nous découvre le vray des actions de sa vie. Ecclef. **XI. V. 29.**

MONSEIGNEUR,

C'est à la mort que l'homme incapable de dissimulation & de contrainte se montre & se découvre tel qu'il

A ij

est ; ses actions dépoüillées de tout ce qu'elles avoient
d'emprunté paroissent toutes nües, & souvent ce que
le monde ébloüi avoit admiré comme le plus noble
effort des vertus les plus heroïques, n'offre plus à nos
yeux que l'odieux ouvrage des plus monstrueuses passions.
Rien de plus équivoque & de plus caché que l'homme
vivant ; ce qu'on vante en lui sous le nom de Sagesse
n'est dans plusieurs qu'une artificieuse politique attentive
à en affecter les dehors ; la valeur qu'un temeraire em-
portement de vengeance & de vanité, la liberalité qu'un
interest secret de l'orgueil & de l'amour propre. Aux
approches d'une mort certaine, ces fausses vertus s'é-
vanouissent, & tel qui pendant sa vie avoit rempli le
monde du bruit de ses exploits, ne donne en mourant
qu'un pitoyable spectacle de foiblesse, & de lâcheté.
Ce qui fait dire à l'Ecclesiastique que la mort est la
plus seure épreuve pour distinguer le vrai d'avec ce qui
n'en a que l'apparence, que jusques-là les loüanges qu'on
donne aux hommes sont fausses ou incertaines & que
pour leur en donner de justes & de veritables il faut les
attendre à la mort.

Nous n'avions pas besoin, MESSIEURS, de cette
funeste épreuve pour connoître le fond des vertus du
Grand Roy que nous pleurons ; ces Vertus toûjours
les mêmes, ces Vertus qui dans le cours de tant d'années, & dans la diversité de tant d'évenemens ne se font

jamais dementies, ces Vertus étoient plus que suffisantes
pour fixer nôtre admiration.

Mais enfin puisqu'il a plû à l'Eternelle Providence
de lui faire subir la Loy prononcée contre toute chair ;
c'est à nôtre douleur quelque sorte de consolation de
voir que sa mort a justifié sa renommée, qu'elle assu-
rera dans la posterité la verité de nos éloges, & forcera
l'envie même si long-tems jalouse de sa gloire, d'a-
voüer & de reconnoître qu'il n'en fut jamais de plus
pure.

Ce Prince qui dans le repos d'une paix achetée au
prix de tant de soins sembloit pouvoir se promettre
encore de longs & d'heureux jours, est saisi d'une ma-
ladie qui lui annonce sa derniere heure : livré pendant
dix jours aux attaques d'une mort toûjours presente à
ses yeux, il n'en est pas un moment troublé, & comme
si les forces du corps avoient passé l'esprit, il n'en est
que plus ferme & que plus tranquile. Insensible à la perte
de la puissance Souveraine dont les Rois sont si jaloux,
il derobe à la mort la gloire de l'en dépoüiller, il s'en
dépoüille par avance : parlant de ce qu'il feroit étant
Roy, il se regarde comme ne l'étant plus, & il n'ex-
plique que par des conseils & des prieres ce qu'il auroit
pû commander : Superieur à toute foiblesse, vainqueur
des plus tendres & des plus legitimes affections, il voit
couler des torrens de larmes sans en être ébranlé, &

s'il tient encore à sa Famille & à sa Cour, ce n'est que par le noble soin qu'il prend lui-même de les consoler: enfin tout occupé de l'affaire de son Salut; soumis sans contrainte aux ordres de la Providence, les attendant sans impatience & sans frayeur, ne regretant de ses grandeurs passées que l'abus qu'il en a pû faire, plein de foi & de confiance aux misericordes de son Dieu, il consomme en paix son sacrifice, plus grand dans ces derniers momens que dans les dangers de la guerre, & sur le Trône de sa gloire.

Qu'attendez-vous donc de moi, MESSIEURS, dans ce juste tribut d'honneur & de loüange que nôtre reconnoissance, & nôtre amour preparent ici à sa memoire ? qu'elles idées pourrois-je vous donner de ce nombre presque infini d'actions qui s'offrent en foule à son Eloge, qui ne soient au dessous de celles que sa mort seule vous en inspire ?

Déja vous prévenez tout ce que je viens vous dire de ces grands exploits de guerre qui l'ont égalé aux plus fameux Conquerants, & les admirant dans leur source vous y découvrez tout ce qui forme le Heros Rappellant à vôtre memoire ces differentes Loix de Justice & de discipline qui font la force de l'état & la seureté des familles, vous y découvrez l'ouvrage de la plus haute Sagesse & de la plus saine Politique:

Témoin de ce qu'il a entrepris pour la gloire du

Dieu vivant, de tout ce qu'il a ofé pour agrandir le Royaume de Jefus-Chrift, & maintenir la verité de fon Culte ; vous y découvrez une foi vive & courageufe, digne des anciens Patriarches & des plus faints Rois d'Ifraël.

Que me refte-t'il donc à faire ? que de vous fervir d'Interprete, que de préter ma voix aux fentimens de vôtre cœur, & laiffant à l'Hiftoire le foin de tranfmettre aux fiécles futurs tant de faits éclatans dont l'Univers a rétenti, me borner à les admirer avec vous dans la pureté de leur principe.

LOUIS, dont les Obféques vous affemblent, Roy par les droits de fa naiffance, Chrétien par la grace de fa naiffance fpirituelle, ne perdit jamais de vûë les immenfes devoirs que lui impoferent ces deux fublimes qualitez, & ce qu'il fut par cette double naiffance, il le fut encore plus par toutes les Vertus qui en forment les caracteres : fuivez-le, MESSIEURS, dans tout le cours de fon Regne, dans les Temples, dans les Confeils, dans les Camps, au milieu de fa Cour, dans fes amufemens même, par tout vous y trouverez le Roy, par tout vous y trouverez le Chrétien. C'eft à ces deux points de vûë que je reduis fon Eloge, & voici, MESSIEURS, en abregé toute fa gloire. Il fut Roy, il fut Roy Chrétien.

C'eft ce qui va faire le fujet de ce difcours que je

confacre à la memoire éternellement refpectable de
TRES - HAUT, TRES - PUISSANT ET TRES - EXCELLENT
PRINCE LOUIS XIV. DU NOM, ROY DE FRANCE
ET DE NAVARRE.

PREMIERE PARTIE.

JE n'appelle pas Roy, celui que le feul bonheur de la naiffance a placé fur le Trône, & qui n'ayant de Roy que le nom, efclave en effet des vices les plus honteux, fans Talens, fans Vertus, n'offre aux yeux de l'Univers qu'un vain fantôme de la Royauté. J'appelle Roy, MESSIEURS, celui qui étant l'image de Dieu fur la terre par la participation de fa Puiffance, lui reffemble encore plus par la participation de fes Vertus : qui maître de fes paffions ne regne pas moins fur fon cœur que fur les Peuples qui lui font foumis ; qui au deffus des autres hommes par la hauteur de fa dignité, eft au deffus de fa dignité par la fuperiorité de fes Talens : qui verfé dans la Science profonde du Gouvernement fuffit à tout par fes lumieres , & qui jaloux de fes devoirs ne fe repofe que fur lui-même du penible foin de les remplir : qui redoutable dans la guerre, facile à la paix, réünit en foi les qualitez rarement compatibles de Guerrier & de Pacifique : qui dans un jufte milieu de clemence & de fermeté fçait tem-

perer

perer la rigueur des Loix fans affoiblir l'obéïffance, pour tout dire en un mot, qui faifant de la Juftice le principe de fes déliberations & de fes confeils l'a fait regner avec lui fur le même Trône.

Tel fut LOUIS, & c'eft dans cette idée que je renferme fon Eloge. Que d'autres admirent en lui l'éclat & l'ancienneté de fa Couronne; qu'ils faffent le dénombrement des Heros & des Rois, dont le fang coula dans fes veines ; qu'ils vantent la grandeur & l'étenduë de fa Puiffance par la nobleffe & le courage de la nation qui fut foumife à fes Loix, qu'ils rappellent à vos yeux ces traits de Grandeur & de Majefté que la nature avoit repandus fur fa perfonne, & qui le diftinguant des autres hommes le faifoient reconnoître fans qu'on pût s'y méprendre pour celui qui leur commandoit ; ces rares & fingulieres prérogatives furent de purs dons de la liberalité de Dieu, où fa volonté n'eut point de part, & qui dignes d'admiration ne le font pas toûjours de loüange.

Ce qui fait le merite du Prince que nous regrettons, c'eft d'avoir été plus diftingué par l'éclat de fes Vertus que par l'éclat de fes grandeurs hereditaires ; c'eft d'avoir juftifié aux yeux de l'Univers les bienfaits de la Providence, c'eft d'avoir été vrayment Roy, & tel, que s'il n'avoit pas été Roy il auroit paru digne de l'être.

Appellé à la Couronne dans un tems où la foibleffe

de son âge lui permettoit à peine de prêter son nom aux affaires, il fut nourri (si j'ose ainsi parler) dans l'horreur & dans le tumulte des Armes. Aux troubles d'une guerre étrangere que d'éclatantes Victoires auroient renduë moins redoutable, se joignent les troubles d'une guerre intestine plus funeste & plus dangereuse : l'Etat divisé contre lui-même branle sur ses fondemens, & les peuples animez à leur propre perte, semblent offrir aux Ennemis de la Monarchie les mêmes armes qui en avoient si glorieusement triomphé. Malheur trop ordinaire des minoritez ! où l'inquiétude la jalousie, l'ambition, devenuës plus hardies prêtent des armes à la Révolte, & mettent en peril l'autorité souveraine par l'injuste desir de la partager. Graces à vos miséricordes, ô mon Dieu ! nous n'avons point aujourd'hui ce malheur à craindre : une Paix solide, dernier ouvrage de la Sagesse de LOUIS, nous met à couvert de toute guerre étrangere ; & la Sagesse d'un Prince en qui se réünissent avec les droits du sang, l'estime & l'affection de tous les Ordres du Royaume, nous met à couvert de toute guerre domestique, & nous promet dans une heureuse Minorité les douceurs du plus juste & du plus tranquille Gouvernement. Les troubles de la Minorité de LOUIS XIV. qui sembloient menacer son Regne des plus funestes calamitez devinrent par les soins d'une Providence attentive à la conserva-

tion de ce Royaume, une des sources de son bonheur
& de sa gloire : Dieu les mit en œuvre comme autant
de leçons pour former le cœur du jeune Roy, pour
affermir son courage, pour l'instruire par l'adversité
dans le grand art de Regner, & lui apprendre par les
dangers presque inévitables où la foiblesse de l'âge ex-
pose les Souverains; ceux qu'ils doivent craindre dans
un âge formé, lorsqu'affoiblis par les passions, livrez à
l'oisiveté & à la mollesse, ils manquent des qualitez
necessaires pour fixer l'obéïssance, & maintenir parmi
les peuples l'ordre & la discipline qui en sont les plus
seurs liens.

Ces troubles appaisez mirent bien-tôt la Nation en
état de pousser plus loin ses Conquêtes, & LOUIS
noblement jaloux de la gloire de ses Generaux, im-
patient de la partager, peut à peine se dérober aux
tendresses de la Reine sa mere, qu'on le voit courir aux
dangers, & donner dans ces premiers Essais de sa valeur & de sa conduite des augures certains de ces éclatantes Victoires qui devoient signaler son Regne.

Vous le sçavez, MESSIEURS, son inclination do-
minante fut pour la guerre. Née avec lui, soûtenuë
de l'exemple de ses Illustres Ancêtres, fortifiée par les
préjugez de toutes les Nations & de tous les siécles qui
y ont attaché l'Idée de l'Heroïsme, il y abandonna les
premiers desirs de son cœur, & regardant moins la

guerre du côté des dangers que du côté de la gloire qu'on y peut acquerir, il lui fut plus facile de vaincre que de se refuser à la Victoire.

Illuſtres Generaux, vous qui inſtruits par ſes leçons dans le Grand art de la guerre pourriez aujourd'hui en donner à tous les Maîtres du monde, vous dis-je, qui Compagnons fideles de ſes travaux & de ſes dangers avez merité par tant d'Exploits éclatans d'entrer dans le partage de ſa gloire, vous ſeuls pourriez nous dire juſqu'à quel degré il porta les Vertus militaires, la Sageſſe dans les Conſeils, le ſecret dans les Entrepriſes, la prévoyance dans les apprêts, la celerité dans l'execution, l'intrepidité dans les perils, la moderation dans les ſuccés, la reſſource dans les obſtacles, la conſtance dans les revers; heureux, mais rare aſſemblage & qui ſeul forme le Heros.

Que ne m'eſt-il permis d'entrer dans le détail de ces differentes Campagnes dont chacune fut marquée par des faits ſinguliers ou de prudence ou de valeur : Vous y verriez un Prince, qui au milieu d'un Camp, comme dans la Ville la mieux policée, ſçait y maintenir la diſcipline & y faire fleurir l'abondance; qui ne ſe repoſant que ſur lui-même de la ſureté de ſon Armée viſite de jour & de nuit les gardes les plus avancées; qui pour aſſurer ſes projets va reconnoître en perſonne juſques ſous le feu de l'Ennemi les Poſtes les plus dangereux; qui ne connoiſſant ni laſſitude ni travail , rejette comme d'indignes Conſeils ceux qu'on lui donne pour ſa ſanté ou pour ſon repos ; qui ſoutenant l'Officier par la loüange , & le Soldat par le gain inſpire à tous une égale ardeur de combattre & de vaincre ; qui diſtribuant les Emplois ſuivant la Capacité & les Talens maintient la ſubordination ſans faire naître de jalouſie ; enfin qui ſûr de l'affection & de la confiance de ſes Troupes , plus maître des cœurs que des perſonnes , les trouve promptes à l'obéïſſance & leur fait trouver dans le bonheur de le ſervir & de lui plaire la plus glorieuſe recompenſe.

Quels ſuccés n'étoient point reſervés à des talens ſi ſuperieurs , & pourroit-on ſans injuſtice attribuer aux ſeules faveurs de la fortune des Conquêtes achetées au prix de tant de Vertus.

Ce fut Messieurs, par les nobles efforts de toutes ces Vertus enſemble que l'Europe étonnée vit LOUIS au plus fort de l'Hyver malgré les Elemens conjurez, malgré la nature obſtinée à lui refuſer tout ſecours, ſubjuguer des Provinces qui aprés pluſieurs années de guerre auroient pû remplir l'ambition des plus heureux Conquerans.

Vous parlerai-je de cette fameuſe Campagne où plus rapide qu'un torrent qu'un orage imprévû vient de former & qui ne trouve rien d'inacceſſible , il penétra juſques dans le cœur d'un Etat puiſſant qui ayant ſçû donner des bornes à la mer, n'en put donner à ses Conquêtes.

Ferai-je le dénombrement de ces Villes, de ces Citadelles, qui fortifiées à l'envi & par la nature & par l'art, sembloient défier toute force humaine, & qu'on vit tomber d'elles-mêmes comme autant de Hierico au seul bruit de ses Trompettes.

Qui pourroit suffire, je ne dis pas à raconter, mais à nommer tant de Batailles gagnées & sur Mer & sur Terre, tant de Places prises & reprises, tant de rétranchemens forcez, & mille autres exploits de Guerre qu'il ne dut pas moins à sa Sagesse qu'au courage invincible de ses Illustres Generaux, & qui lui ayant attiré la jalousie des Nations voisines lui acquirent le respect & la vénération des peuples les plus éloignez.

Mais en vous representant ici un Roy belliqueux, couronné par tant de Victoires, ne perdons pas de vûe le Legislateur & le Juge. Les talens pour la guerre ne sont qu'une partie du grand Roy, & celui qui transporté d'un desir immoderé de combattre & de vaincre oublieroit le gouvernement de l'Etat & la justice qu'il doit aux Peuples, ne meriteroit pas nos Eloges. L'Ecriture aprés avoir raconté les differentes Victoires que David avoit remportées sur les Ennemis d'Israël, dit

2. Reg. 8. aussi-tôt, *qu'il rendoit des Jugemens & faisoit justice à tout son Peuple.* Voulant par là apprendre aux Souverains dans l'exemple d'un Roy selon le cœur de Dieu, que ce n'est pas assez pour eux de vaincre les Ennemis du dehors par la force des armes, s'ils n'ont une égale attention à reprimer les ennemis domestiques par la force des Loix & par l'équité de leurs Jugemens.

LOUIS si semblable à David dans toutes les circonstances de son Regne ne separa jamais ces deux devoirs, & il n'est pas aisé de dire par lequel des deux il merita plus de gloire.

A peine le titre & le pouvoir de premier Ministre furent éteints avec le Cardinal Mazarin, que LOUIS devenu lui-même son premier Ministre se met à la tête des affaires. Quel spectacle plus beau & quelle leçon pour les Souverains de voir un jeune Prince de vingtdeux ans au milieu d'une Cour pompeuse où tout ne respiroit que plaisirs, se faire chaque jour d'un travail assidu une Loi severe, assembler differens Conseils, fidele aux heures marquées, tout quitter pour s'y rendre, & ne donner au délassement & au repos que ces momens libres que l'arrangement & le bon ordre sçavent dérober aux affaires sans en retarder l'expedition.

Ce qu'il fit un jour, on lui vit faire tous les jours de sa vie, & quiconque sçait ce qu'il en coûte à un Souverain pour s'imposer des Loix & s'y rendre fidele, trouvera dans cette uniformité de conduite, & dans cette exacte regularité d'application & de travail, un fond

de merite qui pour être moins éclatant, n'en est pas
moins solide, & qui indépendant de tout ce qui peut
flatter les paffions, ne peut avoir pour fondement qu'une
veritable Sageffe.

L'attention de L O U I S ne fe borne pas à une feule
partie du Gouvernement; elle embraffe tout genre d'affaires, & s'il ne peut les juger toutes, il pourvoit à
toutes par la fageffe de fes Loix. Le dirai-je ici,
Messieurs, à la honte de la Nation, foit orgüeil,
foit avarice, foit envie, foit toutes ces paffions enfem-
ble, les hommes font rarement d'accord, & ceux même que des liens refpectables devroient plus étroite-
ment unir, font les premiers à donner le fcandale des
plus opiniâtres divifions; Ce qu'un leger intereft a com-
mencé, la vanité le foutient; l'efprit & l'induftrie vien-
nent au fecours de la paffion, & l'on met tout en œuvre, jufte & injufte pour fe preparer un faux triomphe: de là nâquit ce monftre odieux qui enveloppé
dans un dedale de procedures multipliées à l'infini dé-
vore les entrailles de ceux même qui l'ont formé, &
qui laiffant par tout de triftes veftiges de fes ravages
eft un des plus dangereux fleaux que la colere de Dieu
puiffe permettre pour punir les hommes, & les rendre
eux-mêmes miniftres volontaires de fes plus redoutables
vengeances : la deftruction de ce monftre parut à
L O U I S plus digne de fes travaux, que celle de ces
monftres

monſtres dont la défaite mit autrefois au nombre des Dieux un Heros de l'antiquité ; & s'il ne put pas l'étouffer il ſçût au moins le deſarmer & le rendre impuiſſant par la réformation de la Juſtice. Illuſtres Magiſtrats, Sages dépoſitaires de ſon autorité, & qui fideles interpretes de ſes Loix en fites toûjours la regle de vos équitables jugemens, vous connoiſſez mieux que nous tout le merite de cette entrepriſe, & ces Codes fameux qui donneroient de la jalouſie aux Theodoſes & aux Juſtiniens, en feront des monumens éternels. Tel fut, MESSIEURS, le zele de LOUIS, pour rendre juſtice à ſes Peuples, il ne put ſouffrir de retardement ; il le ſuivit juſqu'au milieu des Armées, la même Tante où ſe formoient les grands projets de guerre fut le Tribunal de ſa Juſtice, & la poſterité trouvera dans les dépots publics des jugemens datez du jour de ſes Victoires.

En ce moment, MESSIEURS, s'offre à mon eſprit un autre genre de Victoire plus digne encore de vôtre attention. Une Coûtume inſenſée, mais fortifiée par les préjugez de pluſieurs ſiécles, & par l'exemple des plus Illuſtres d'entre les hommes, avoit conſacré ſous le nom d'honneur la plus brutale des paſſions ; les plus ſages même en s'y refuſant auroient craint de ſe degrader, & ſe trouvoient forcez par une barbare Loi pour eux devenuë ſacrée de ſacrifier à cet Idole leur fortune,

C

leur vie & leur salut même.   C'est du Duel, Messieurs, que je veux parler, de cette aveugle fureur
qui versa autrefois tant de sang, qui enleva tant de
peres à leur famille, tant d'époux à leurs femmes,
tant de Citoyens à la Patrie, tant de braves Guerriers
à la défense de l'Etat.   En vain LOUIS le Juste avoit
entrepris de l'abolir, la rigueur de ses Loix ne put servir de frain à des hommes follement prodigues de leur
vie, & l'exemple memorable de severité qu'il exerça
sur d'Illustres Têtes ne servit qu'à leur faire imaginer
un nouveau genre de point d'honneur dans le mépris
même du supplice.   Ce triomphe étoit reservé à la Sagesse de LOUIS LE GRAND, & ce fut moins par
son inflexible fermeté que par ce noble ascendant que
ses Vertus lui avoient acquis sur les hommes qu'il dé-
racina de leur cœur cette passion inveterée dont la No-
blesse s'étoit fait jusqu'alors une sorte de Religion, &
l'on vit par une espece de miracle nos plus vaillans
Guerriers devenus avares de leur sang, se refuser sans
honte à ces fausses preuves de valeur, & ne prodiguer
desormais leur vie que pour le service du Roy & le salut de la Patrie.

Le Blasphême, qui comme une espece de contagion
avoit gagné toutes les conditions de la vie, & qui malgré
la politesse de la Cour en étoit devenu le langage le plus
ordinaire, fut banni même des Armées ; l'on eut hon-

té d'un vice que le Prince avoit en horreur, & son exemple fut plus efficace que les Loix.

C'est ainsi que LOUIS, en proscrivant les vices
inspira le goût des Lettres, & fit naître dans la Nation
naturellement fiére & avide de gloire la noble émula-
tion de se distinguer par les Sciences & par les beaux
Arts, autant qu'elle s'étoit toûjours distinguée par le
courage & par la valeur.

C'est sous les grands Rois que se forment les hommes illustres ; le désir de les servir & de leur plaire dé-
veloppe, si j'ose ainsi parler, des talens secrets ignorez
souvent de ceux même qui les possedent ; il inspire de
vertueux efforts, il anime, il soûtient ; il met en mou-
vement toutes les puissances de l'ame, & élevant les
hommes au dessus d'eux-mêmes, il les fait arriver à une
hauteur de perfection inconnuë sous les autres Rois.

C'est ce qui paroîtra dans la Posterité un des plus
grands prodiges du siécle de LOUIS LE GRAND.
Son Regne qui a rassemblé plus de grands hommes en
tout genre que tous les siécles passez ensemble, sera
desormais la plus noble époque des Sciences & des
beaux Arts, & s'il nous met en état de disputer aux
anciens l'honneur de la préference, il sera dans les tems
à venir le desespoir des Modernes.

Nous l'avons perdu ce puissant Protecteur des Lettres : mais consolez-vous Muses affligées, vous avez un

nouveau Protecteur qui vous aime, & qui verſé autant
que vous-même dans la profondeur de vos Myſteres,
ajoûtera par la ſublimité de ſon génie, par la juſteſſe
de ſon goût, par la diverſité de ſes Talens un nouveau
luſtre à vôtre gloire.

Ce fut au bruit de ces merveilles qu'on vit accourir
du fond du Nord une autre Reine de Saba pour voir
Salomon dans ſa gloire, & s'aſſûrer par ſes propres
yeux de tout ce que la Renommée en publioit. Mais
ne nous laiſſons pas ébloüir par l'éclat de cette gloire exte-
rieure que le monde eſtime, & qui ayant fait le plus
vif objet de la curioſité des Nations, le fut encore plus
de leur ſurpriſe : Perçons à travers cette foule d'objets
de magnificence & de pompe, qu'offre par tout à nos
yeux le Regne le plus floriſſant ; dépoüillons même
LOUIS, s'il eſt neceſſaire, de toutes ſes grandeurs,
& penétrant juſqu'à ſon cœur, cherchons dans un merite plus ſolide un plus juſte ſujet d'éloge, & plus digne d'imitation. Je ceſſe donc pour un moment de
vous montrer le Roy, pour ne vous montrer que l'hon-
nête homme. J'appelle ainſi celui qui toûjours guidé
par la raiſon en fait la regle de ſa conduite ; qui ſans
caprice, ſans humeur ne veut jamais que ce qui eſt
juſte, qui connoiſſant la foibleſſe humaine ſupporte dans
les autres les fautes même qu'il auroit peine à ſe par-
donner ; qui ſe prêtant aux doucéurs d'une vertueuſe

focieté abhorre celles qui n'ont pour merite qu'une pi-
quante raillerie, ou une ingenieuse médifance; qui ha-
bile à choifir fes amis fait du degré de leur vertu la
mefure de fon amitié; qui traitant fes domeftiques avec
bonté, leur fait moins appercevoir qu'ils ont à fervir
un Maître, qu'à obéïr à un Pere; pour tout dire en
un mot, qui ennemi de toute fauffeté fait de la droi-
ture du cœur fa vertu favorite, & le principe de fes
actions.

Tel & plus encore fut LOUIS dans le fecret de
la vie privée: j'en attefte ceux qui attachez de plus prés
à fa perfonne l'ont vû dans ces momens libres ou de-
gagé du penible foin de foûtenir en public l'éclat de la
Majefté, il étoit rendu à lui-même & livré fans contrainte à fes propres penchans. Quelle humanité,
quelle douceur, quelle facilité dans le commerce, quelle attention pour y faire trouver aux autres les mêmes
agrémens qu'il cherchoit avec eux ? quelle ouverture,
quelle confiance pour ces hommes Illuftres qu'il jugea
dignes de fon eftime, & qu'il honora toûjours de la plus
fidele amitié ? bien different de ces faux Politiques qui
fous les dehors empruntez d'une amitié prévenante ne
fongent qu'à tendre des pieges à la fincerité, & qui
connus enfin fans croire l'être, n'ont jamais que de faux
amis. LOUIS dans ces doux momens qu'il paffoit
avec les fiens oublia toûjours qu'il étoit Roy & vou-

lût aussi qu'ils l'oubliassent, & il ne leur fit jamais sentir qu'il étoit leur Maître, que par la grandeur de ses graces & par la magnificence de ses bienfaits. Ne vous imaginez pas ici, MESSIEURS, des Favoris, qu'un goût de caprice éleve sans merite à la plus haute fortune, & qui incapables de soûtenir le poids de leur faveur deshonorent la main qui les a formez, & font réjaillir jusques sur le Prince la haine & le mépris qu'on a pour eux. Les amis de LOUIS ne dûrent cette glorieuse qualité qu'au merite, le public fut toûjours d'accord avec le Roy sur l'estime qui leur étoit dûë, & si leur bonheur parut digne d'envie, leurs vertus firent connoître qu'ils étoient dignes de leur bonheur.

C'est à ces Illustres amis du plus grand Roy du monde qu'il est reservé de suppleér ce qui manquera à cet Eloge : appellez dans le sanctuaire de son ame, depositaires de ses plus secretes pensées, ils l'ont vû tout entier, & s'il leur est permis de rompre le sceau du secret qui deroboit à nos yeux la plus noble partie de lui-même, ils vous apprendront qu'il fut encore plus Roy par les qualitez de son cœur, que par les talens de regner. Mais non seulement il fut Roy, il fut Roy Chrétien. C'est le sujet de ma seconde Partie.

SECONDE PARTIE.

Lorsque je me propofe de vous montrer LOUIS fous la haute idée de Roy Chrétien, mon deffein n'eft pas de borner fon Eloge à la profeffion publique d'une Religion qu'il avoit reçûë de fes Peres & qui fut toûjours celle des Peuples. La Religion dans les Rois eft plus fouvent une Politique qu'une vertu ; ils n'y font attachez qu'autant qu'elle eft conforme à leurs interefts, fongeant moins à la maintenir, qu'à fe maintenir par elle ; ils couvrent de fon nom refpectable les projets de leur ambition, ils en empruntent le zele pour s'accrediter parmi les peuples, & habiles à profiter des conjonctures, ils s'en font un puiffant moyen pour autorifer leurs entreprifes, ou pour agrandir leur puiffance. A Dieu ne plaife, que perdant le refpect qui eft dû aux Souverains, j'ofe ici juger ceux qui n'ont que Dieu feul pour Juge ; ce n'eft qu'à ce puiffant Maître des Rois qui jugera les Juftices même, qu'il appartient de fonder leurs cœurs : Ce que j'en dis fondé fur tant d'exemples que l'Hiftoire m'en fournit, n'eft que pour mettre dans un plus grand jour la folide pieté d'un Prince qui plus attaché à fa Religion qu'à fa Couronne, plus jaloux de faire regner Jefus-Chrift que de regner lui-même, plus Chrétien dans le cœur que dans les actions, fit toûjours de la Religion le premier devoir de sa vie, & qui loin de la faire plier aux maximes d'une Politique mondaine, ne connut de vraye politique que celle qui étoit fondée sur les maximes de la Religion. Quelque attention que puissent avoir les Rois à tenir leur cœur fermé, il est des momens où las de se contraindre ils laissent échaper leur secret, & pendant qu'ils imposent à la multitude abusée par les dehors concertez d'une apparente pieté, ils ont malgré eux des Confidents necessaires qui en penétrent le fond & qui en découvrent la fausseté.

LOUIS, MESSIEURS, à cet égard n'eut aucune précaution à prendre; moins attentif à paroître pieux qu'à l'être il suivit sans affectation & sans contrainte tout ce que sa Foi lui inspira, & si tant d'actions éclatantes qui ont signalé son zele & son amour pour la Religion l'ont rendu digne des loüanges & de la reconnoissance de l'Eglise, je ne crains point de dire qu'il en est plus digne encore par la pureté des motifs qui en ont été les principes.

Quel exemple pour la Cour, & quelle instruction pour les autres hommes ! de voir un grand Roy non-seulement fidele à tous les exercices que la Loi commande, mais encore à tous ceux dont une pieté reglée se fait chaque jour une religieuse obligation : affaires, guerres, plaisirs, rien ne put jamais l'en détourner;

&

& si David, non pour vanter sa pieté ; mais pour se *Psal. 118.*
rendre Dieu propice lui disoit Seigneur je vous ai loüé
sept fois par jour, LOUIS auroit pû dire la même
chose, & sans parler de ces Prieres secretes qui n'eurent
que Dieu pour témoin, vous l'avez été de celles qu'il
faisoit en public, & plus édifiez de son récüeillement
& de sa ferveur, que de son exactitude ; vous l'avez vû
chaque jour de sa vie prosterné dans le Temple aux
pieds du Trône de l'Agneau adorer le Dieu de ses
Peres en esprit & en verité, implorer sur lui-même &
sur son Royaume ses puissantes benedictions, lui rendre
un religieux hommage de toutes ses grandeurs, & reconnoître à la face du Ciel & de la Terre, qu'à lui
seul appartienent toute gloire & toute puissance, & qu'il
n'y a que lui seul de grand.   Heureux ses Courtisans
si dans ces heures consacrées au plus essentiel devoir de
l'homme, ils n'ont point mêlé au Culte du vrai Dieu
le Culte des Idoles, & si leur cœur aussi pur que celui de
LOUIS n'a point fixé dans la creature les mêmes
Vœux qu'il n'adressoit qu'au Createur.

La pieté de LOUIS ne se borne pas aux devoirs
importans qui lui font communs avec tous les hommes.
Adorer Dieu, le craindre, le servir, l'aimer, mettre en
lui seul toute sa confiance, éviter le mal qu'il défend,
faire le bien qu'il ordonne, joindre au culte exterieur
que la Loi prescrit, le sacrifice interieur d'un cœur pur

D

& humilié, c'eſt le devoir de tout Chrétien : faire adorer par les peuples le même Dieu qu'on adore, accom-
plir la Loi, & la faire obſerver ; ſoutenir le vrai Culte
par l'ardeur de ſon zele, abolir le faux dans toute l'é-
tenduë de ſa puiſſance ; proteger le Juſte, punir l'Impie;
enfin ne regner que pour faire regner la Religion; c'eſt
le devoir du Roy Chrétien.

2. *Paral.* Lorſque Joïada rétablit Joas ſur le Trône de ſes
23.
Peres, l'Ecriture dit, qu'aprés lui avoir mis le Diadême
ſur la tête on lui mit auſſi-tôt la Loi de Dieu à la main,
pour lui apprendre, que l'autorité Souveraine dont on
venoit de le revêtir, ne lui avoit été renduë que pour
rétablir ſur les rüines de Baal le Culte du vrai Dieu
que l'Impie Athalie avoit entrepris d'abolir.

Une autre Athalie, MESSIEURS, mais plus dan-
gereuſe & plus puiſſante avoit dans les derniers ſiécles
pouſſé plus loin ſes fureurs ; ennemie déclarée de la
Religion de nos Peres, ſe croyant tout permis pour la
détruire; joignant aux artifices de la ſeduction l'inſolence
de la Révolte, elle avoit diviſé le Royaume contre lui-
même, & portant ſes mains ſacrileges juſques dans le
Sanctuaire, elle avoit fait des Temples du Dieu vivant
la Chaire de l'impieté & du menſonge : vous recon-
noiſſez à ces premiers traits l'Hereſie de Calvin ſi fameuſe par tant de crimes, & qui portant par tout le
flambeau de la guerre, armant le frere contre le frere,

le pere contre le fils, le sujet contre le Souverain, les Princes contre les Princes, s'étoit formé au milieu même de la Monarchie une espece de Republique à la honte de la Religion : à la faveur d'Edits arrachez par la necessité des tems, elle joüissoit encore sous le Regne de LOUIS du fruit de ses anciennes iniquitez : Rivale de l'Eglise elle avoit comme elle ses Temples, ses Pasteurs, sa Liturgie, ses Loix, & on la voyoit devenuë membre de l'Etat, exercer sur une partie usurpée du Troupeau de Jesus-Christ, une sacrilege, mais tranquille autorité.

LOUIS ne put souffrir plus long-tems que les Tribus fussent divisées, & que Samarie eut un Culte separé de celui Hierusalem. Il entreprend de rompre ce mur de separation, ouvrage de tant d'années, & qui fortifié par tout ce que les préjugez d'une Religion, quoique fausse, peuvent inspirer d'opiniâtreté & de zele, sembloit impenetrable à toute puissance humaine. C'est ici que va paroître tout le Roy Chrétien. LOUIS sourd aux Conseils d'une timide Politique qui lui fait entrevoir tout le peril de cette entreprise, méprisant tout ce que l'Heresie irritée pourroit soulever contre lui de puissances étrangeres, tout ce qu'elle pourroit hazarder au dedans pour se maintenir, il ne consulte que sa Foi & esperant contre toute esperance, il lui porte le coup mortel. Ce fut, MESSIEURS, par la Revocation de ce fameux Edit, où l'Herefie rétranchée depuis tant d'années comme dans fon fort fe promettoit une inviolable fûreté.   A ce coup éclatant les Temples de l'Erreur font mis en poudre, les faux Prophetes confondus, les Maîtres du menfonge condamnez au filence, tout Culte Impie eft aboli, l'Eglife rentre dans tous fes droits, & l'autorité du Sacerdoce par tout refpectee, n'a deformais d'autres bornes que celles de l'Empire.

Ce qu'a ofé la fuprême Puiffance, la douceur & la charité le foutiennent.   L O U I S plus jaloux du Salut de l'Heretique, qu'ennemi de l'Herefie n'oublie rien pour arracher de fon cœur l'Erreur qu'il a profcrite ; Emplois, Honneurs, Bienfaits, rien ne coûte à fon zele ; moyens qui quoiqu'humains, mais fantifiez par la pureté du motif préparerent les voyes à la grace & rendirent les efprits dociles à la verité.   Je n'entreprens pas ici de rapporter toutes les circonftances de ce grand prodige de mifericorde & de puiffance dont L O U I S fut le noble inftrument ; ce fera aux Faftes de l'Eglife d'en inftruire la pofterité, & je croirai avoir fuffifamment rempli vôtre attente fi pour exprimer à cet égard toute la gloire de L O U I S, j'applique à ce Religieux Roy *Ecclef.*48. ce que le Saint Efprit a dit de Jofué.   *Il fut grand felon le nom qu'il portoit, trés-grand pour fauver les Elûs de Dieu, pour confondre fes Ennemis & pour acquerir à Ifraël la Terre qui étoit fon heritage,* Magnus fecundum nomen ſuum, maximus in ſalutem Electorum Dei, &c.

Ce n'eſt pas aſſez pour LOUIS de proſcrire de ſes Etats les anciennes erreurs, il n'eſt pas moins attentif à les preſerver des nouvelles; ſa Sageſſe lui en fait prévoir les dangereuſes conſequences, & l'ardeur de ſa Foi lui fait tout mettre en œuvre pour en arrêter les progrez, ou les étoufer dans leur naiſſance. Ne vous imaginez pas ici, MESSIEURS, un Prince temeraire qui paſſant les bornes de ſa puiſſance oſe ſoumettre à ſon jugement ce qui n'eſt reſervé qu'à celui de l'Egliſe : LOUIS ſoumis à cette Egliſe qu'il reſpecte comme ſa Mere lui prête ſon autorité ſans vouloir uſurper la ſienne, regardant ſes déciſions comme des Loix ſacrées, il en fait la regle de ſa conduite, & prenant pour partage la plus ſcrupuleuſe obéïſſance, il n'eut jamais d'autre vûë que de l'inſpiter à ſes Sujets. Telles furent pendant ſa vie, telles furent au moment de ſa mort les diſpoſitions de ce grand Roy, vous les benirez Seigneur, & vous ne ſouffrirez pas que ce Royaume la plus noble portion de vôtre heritage puiſſe jamais être flêtri par le ſouffle empoiſonné de l'Erreur, vous l'en preſerverez par vôtre grace, & arrachant par les mains de vos Miniſtres fideles l'yvraie que l'homme ennemi pourroit entreprendre d'y ſemer, l'on verra le Sacerdoce & l'Empire toûjours d'accord concourir avec une égale ardeur au Triomphe de vos éternelles veritez.

D iij

L'amour de LOUIS pour la Religion, va plus loin encore : non content de la faire fleurir dans ſes Etats, non content de la proteger dans ces regions infideles, où captive ſous la tyrannie de Babylone, elle n'a de liberté qu'au prix des plus injuſtes Tributs, il en fait paſſer les lumieres juſques dans les Terres les plus inconnuës moins jaloux de les conquerir que de les ſoumettre à la Foi. C'eſt là que par le zele infatigable d'Ouvriers Evangeliques que ſa pieté y conduit, & que ſa charité y entretient, l'Egliſe recüeille chaque jour de nouvelles moiſſons & erige ſur les débris de la plus groſſiere ignorance, & de la plus abſurde Idolatrie de religieux Trophées au nom de Jeſus-Chriſt.

Mais ne cherchons pas ſi loin des monumens de la pieté de LOUIS, j'en voi par tout qui m'environnent & dont un ſeul pourroit ſuffire au plus éclatant Panegyrique.

Invalides Vous parlerai-je de ce fameux Hôtel qui égal aux Villes par ſon étenduë, égal aux Palais les plus ſomptueux par ſa magnificence , recüeille les précieux reſtes de ces vaillants Guerriers, qui n'ayant pour heritage que les glorieuſes, mais triſtes marques d'une valeur épuiſée, auroient vû perir par l'indigence cette partie d'eux-mêmes qu'ils avoient à peine derobée à la fureur des Combats : C'eſt là que la charité de LOUIS leur aſſûre dans un heureux azile les douceurs d'un innocent loifir, c'eft là que prevenant tous leurs defirs , égalememt attentif aux befoins du corps & de l'ame, il leur fait diftribuer dans une riche abondance le pain commun & le pain facré de la parole ; c'eft là, dis-je, que dans un Temple digne du zele & de la magnificence de Salomon l'on voit chaque jour une troupe prefque innombrable de Soldats fideles aux Regles d'une religieufe difcipline invoquer le Dieu des Armées, & lui offrir en holocaufte pour le Salut de leur Bienfaiteur la même vie qu'ils avoient tant de fois hazardée pour le falut de fon Etat.

Non loin de là dans un autre azile, ouvrage de la charité de L O U I S quels vœux ne forment point pour fon repos ces innocentes Vierges qui n'ayant des biens de la fortune que la feule Nobleffe en partage, y recüeillent dans une fage éducation le précieux heritage d'une folide pieté ; degagées par les bienfaits de LOUIS des perils de l'indigence loin du bruit & des inquiétudes du monde elles apprennent dans une pratique affiduë des Talens de leur Sexe à foutenir la Nobleffe de leur naiffance par celle de leurs Vertus, heureufes d'en trouver le modele dans une Illuftre Dame qui retraçant à leurs yeux l'idée de la femme forte, fuperieure à toute fortune leur enfeigne par fon exemple à n'eftimer que les biens, qui fe puifent dans les fources de la Sageffe.

Mais voici, MESSIEURS, un autre objet plus digne encore de la grandeur & de la pieté d'un Roy Chrétien. Vous n'avez pû fans doute perdu de vûë cette Royale Famille qui célébre par fes malheurs autant que par fes Vertus a donné de nos jours le plus grand fpectacle de fidelité à Jefus-Chrift, que la Providence ait encore prefenté aux yeux de l'Univers : forcée par des conjonctures dont le recit n'eft pas de mon fujet, de facrifier fa Religion à la Couronne, ou de facrifier fa Couronne à la Religion, elle ne met pas même en deliberation le parti qu'elle doit prendre, elle quitte fans regret un Trône où la Foi ne peut regner avec elle, & vous l'avez vûë fugitive, dépoüillée de tout, n'ayant pour cortege que fa pieté, venir chercher dans celle de LOUIS un azile à fa Religion.

La même Foi qui fait defcendre du Trône ces réligieux Princes infpire à LOUIS la noble ardeur de les y faire remonter. Mais fi Dieu ne le permet pas, LOUIS pour les confoler de la perte de leur Couronne les fait entrer dans le partage de la fienne, il leur fait de nouveaux Sujets de tous ceux qui lui obéïffent, il fait paffer par leurs mains des graces & des recompenfes, & vous l'avez vû pendant prés de vingt-cinq années attentif à tout ce qui pouvoit leur plaire, leur fournir du fond même de fes plus preffans befoins de quoi foutenir avec éclat la Majefté des Rois. Nous reconnoiffons Seigneur dans ces merveilles l'ouvrage de vô-

tre

tre grace toute puiſſante, heureux ſi mettant à profit les leçons que vous nous donnez par ces grands Rois, nous ſçavons comme l'un tirer du fond de nos diſgraces le principe de nôtre juſtice, ou nous ſantifier comme l'autre par le bon uſage des proſperitez.

Au milieu de tant de gloire il ne manquoit plus à LOUIS que d'être éprouvé lui-même par le feu de l'adverſité : l'adverſité, MESSIEURS, eſt pour les Elûs dans l'ordre de la Providence un effet de miſericorde, ſoit que Dieu la permette pour punir leurs pechez, ſoit qu'il s'en ſerve pour épurer leurs Vertus, il leur fait ſentir dans la main qui les frappe la bonté d'un pere qui les aime ; les diſgraces qui traverſerent le Regne de David furent plus ſalutaires & plus glorieuſes à ce Prince que ne le furent à Salomon ſes conſtantes proſperitez. Je ne crains donc pas de ternir la gloire de LOUIS en rappellant ici le ſouvenir de ſes diſgraces : les diſgraces, MESSIEURS, entrent dans le partage des grands hommes, quelque humiliante idée que puiſſent s'en former les préjugez de l'amour propre, elles ſont pour le Heros & pour le Chrétien la ſource de la vraye gloire, & LOUIS ſous les coups redoublez de la mauvaiſe fortune nous paroîtra plus grand qu'au milieu de toutes les faveurs de la bonne.

Je laiſſe aux Nations que la crainte d'une trop grande Puiſſance avoit liguée contre nous la flateuſe douceur de raconter leurs Victoires ; si elles ont vaincu des Troupes jusqu'alors invincibles, elles n'ont pû triompher d'un Roi superieur aux évenemens, la grandeur de sa Foi, la fermeté de son courage en tirent de nouvelles forces, & plus la Providence paroît constante à l'humilier, plus il fait voir dans une noble, mais Chrétienne resignation que rien ne peut ébranler un cœur qui a pour appui la Sagesse & la Religion.

Eloignez d'ici, MESSIEURS, l'idée d'un Prince insensible qui doit à l'indolence du temperament une apparente fermeté : LOUIS plus touché que nous-même des Calamitez que traînoit aprés soi une longue guerre, & dont même au milieu de la Paix nous portons encore le penible poids, LOUIS fit bien voir que sa constance étoit l'ouvrage de la Vertu lorsqu'inspiré par l'amour des peuples, & pressé d'un tendre désir de finir leurs malheurs, il oublia ses plus chers interêts, & ne craignit point de sacrifier à leur repos dans des propositions heureusement réjettées sa famille & sa propre gloire.

Mais Dieu qui vouloit l'éprouver ne voulut pas le confondre, la Victoire fugitive rétourne sous ses Etendars, la même main qui gagne des Batailles & qui force des Villes forme l'heureux Traité d'une Paix glorieuse, & malgré toute l'Europe conjurée le Royaume conserve ses premieres Conquêtes, & le Roi d'Espagne est

sur le Trône. Heureux LOUIS dans ce retour de mise-
ricorde si Dieu dont nous adorons les jugemens n'avoit
point enlevé à ses esperances des Princes dont les éminen-
tes qualitez promettoient à l'Etat les plus constantes pros-
peritez ! Forcé par la necessité des tems de pourvoir, aux
dépens des Peuples, aux pressans besoins du Royaume,
hors d'esperance de vivre assez longtems pour les pouvoir
soulager au gré de ses desirs, il se disoit à lui-même, il
nous l'a dit, MESSIEURS, & vous aussi le pensiez,
que c'étoit au Dauphin que ce bonheur étoit reservé. Dieu
ne l'a pas voulu ; ce Prince que toutes les Vertus à l'envi
avoient formé pour être le modele des Rois & les delices
du genre humain, ce Prince étoit meur pour l'Eternité
& la terre inondée de crimes n'étoit pas digne de le pos-
seder. Rassurez-vous Peuples affligez, Dieu flechi par
tant d'illustres Victimes qu'il s'est immolé dans sa colere
aura pitié de vos malheurs ; sa providence est infinie dans
ses ressources, & ce qu'elle n'a pas fait par ces Princes que
vous regrettez, elle vous le promet par un autre. Oüi,
MONSEIGNEUR, c'est à Vous qu'elle a reservé
de fermer ces profondes playes qu'une longue & cruelle
guerre a faites au cœur de l'Estat ; c'est à Vous qu'elle a
reservé de nous faire goûter les doux fruits de la Paix :
déja ils meurissent entre vos mains, & ces nobles projets
de Gouvernement formez par l'amour des Peuples autant que par la sagesse, nous en font des gages certains.

Heureux le jeune Roy dans la perte des grands exemples que la mort a dérobés à ses yeux, de les trouver tous
en Vous , & de pouvoir apprendre en vous imitant le
grand art de se faire aimer & de rendre les hommes heureux.

C'est ce qui a fait en mourant la consolation de
LOUIS , ne tenant plus à la terre que par l'amour des
Peuples , & (si je l'ose dire) par la vive douleur de n'a-
voir pu les rendre heureux ; il en fait l'abregé des leçons
que sa tendresse lui inspire pour l'instruction du nouveau
Roy. *Suivez* , lui dit-il , *les bons conseils, & tâchez de
soulager votre peuple , ce que je suis assez malheureux de
n'avoir pu faire.* Vous benirez , ô mon Dieu ! une leçon si
salutaire ; vous la graverez profondément dans le cœur
de ce jeune Prince ; vous l'y ferez germer par la douce
rosée de vôtre grace, & cultivée par les soins d'une sage
éducation , fortifiée par l'exemple des Illustres Princes de
son Sang , elle portera son fruit dans le tems , & devien-
dra une source féconde de la felicité publique.

Enfin LOUIS déja mort au monde par l'abdication
de toutes ses grandeurs ne songe plus qu'à suppléer par la
force de sa contrition ce qui manque à sa penitence ; il ne
peut oublier des pechez, qui quoique mille fois détestez
s'élevent toûjours contre lui ; il les rappelle sans cesse
dans l'amertume de son cœur ; confondu , anéanti à leur
vûë , aux pieds du Trône de son Juge, il reclame dans

de ferventes prieres les puiſſans ſecours de ſa grace, &
empruntant d'un Roy pecheur & penitent les expreſſions
de ſa douleur & de ſa confiance, il lui dit: *Ayez pitié de
moi, ô mon Dieu! ſelon vôtre grande miſericorde, & effa-
cez mon iniquité ſelon la multitude de vos bontez.*

C'eſt dans ces heureuſes & chrétiennes diſpoſitions
que muni du pain de vie, fortifié par les onctions ſaintes,
& par les ſuffrages de l'Egliſe, ſoutenu par les tranſports
de ſa foi, ranimé par la vûë des biens que lui promet
l'eſperance plein d'amour pour ſon Dieu, & d'un ardent
deſir de le poſſeder, il va s'y réünir.

Puiſſent Seigneur, les vœux que nous formons dans
ce Temple monument éclatant du zele de LOUIS
pour la beauté de vôtre Maiſon, puiſſent ces vœux que
nous y formons pour ſon ſalut être portez par les mains
de vos ſaints Anges juſqu'au Trône de vôtre gloire :
puiſſe l'auguſte Sacrifice qu'un ſaint Pontife vient y offrir
devenir pour ce religieux Roy une Oſtie de propitiation,
puiſſe-t'il effacer par les merites de la Victime ce qui lui
reſte encore de fautes à expier, afin que ſa grande Ame
purifiée de toute tache & revêtuë de Jeſus-Chriſt, digne
enfin de vous voir & de vous poſſeder, joüiſſe à jamais
en vous, de la gloire immortelle que vous prepariez à
ſes Vertus.

F I N.

LOUIS par la grace de Dieu Roy de France & de Navarre, à tous nos amez & feaux Conseillers les Gens tenant nos Cours de Parlement, Maître des Requêtes ordinaire de notre Hôtel, grand Conseil, Prevôt de Paris, Baillifs, Senéchaux, leurs Lieutenants Civils, & autres nos Justiciers qu'ils appartiendra, SALUT. Notre amé & feal Conseiller en nos Conseils le Sieur JACQUES MABOUL *Evêque d'Alet*, nous ayant fait remontrer qu'il auroit besoin de nos Lettres de Privilege, pour l'Impression des usages de son Diocese, qu'il nous supplioit de lui accorder. A CES CAUSES, & voulant seconder les pieuses intentions dudit Sieur Evêque, nous lui avons permis & permettons par ces presentes de faire imprimer par tel Imprimeur qu'il voudra choisir, *tous les Sermons, Breviaires, Diurnaux, Messels, Rituels, Antiphoniers, Manuels, Graduels, Processionnaux, Epistoliers, Psautiers, Directoires, Heures, Catechismes, Ordonnances, Mandemens, Statuts Synodaux, Lettres Pastorales, & Instructions à l'usage de sondit Diocese*, en tels volumes, forme, marge, caractere, & autant de fois que bon lui semblera, & de les faire vendre & distribuer par tout notre Royaume, pendant l'espace de *dix années* consecutives; *à compter du jour de la date desdites presentes*: Faisons defenses à toutes personnes de quelque qualité & condition qu'elles soient d'en introduire d'impression étrangere dans aucun lieu de notre obéïssance; & à tous Imprimeurs, Libraires, & autres, d'imprimer, faire imprimer, vendre, debiter ni contrefaire aucuns desdits Livres en tout ni en partie, sans la permission expresse par écrit dudit Sieur Evêque ou de ceux qui auront droit de lui : à peine de confiscation des exemplaires contrefaits, de trois mille livres d'amende contre chacun des contrevenans ; dont un tiers à nous, un tiers à l'Hôtel-Dieu de Paris, l'autre tiers audit Sieur Evêque ; & de tous dépens, dommages, & interêts : à la charge que ces presentes seront enregistrées tout au long sur le Registre de la Communauté des Imprimeurs & Libraires de Paris, & ce dans trois mois de la date d'icelles, que l'impression desdits Livres sera faite dans notre Royaume, & non ailleurs, en beau papiers & en beaux caracteres, conformement aux reglemens de la Librairie, & qu'avant que de l'exposer en vente, il en sera mis deux Exemplaires dans notre Bibliotheque publique, un dans celle de notre Château du Louvre, & un dans celle de notre trés-cher & feal Chevalier, Chancelier de France, le Sieur Phelypeaux Comte de Pontchartrain, Commandeur de nos Ordres ; le tout à peine de nullité des presentes, du contenu, desquelles vous mandons & enjoignons de faire joüir ledit Sieur Evêque ou ses ayant causes pleinement & paisiblement sans souffrir qu'il leur soit fait aucun trouble ou empêchement. VOULONS que la Copie desdites presentes qui sera imprimée au commencement ou à la fin desdits Livres soit tenuë pour düement signifiée, qu'aux Copies collationnées par l'un de nos Amez

www.ingramcontent.com/pod-product-compliance
Ingram Content Group UK Ltd.
Pitfield, Milton Keynes, MK11 3LW, UK
UKHW021650090726
13657UKWH00004B/1886